Portuguese Reading Comprehension Texts: Beginners - Book One

Portuguese Reading Comprehension Texts for Beginners

Mikkelsen Dubois

Published by Mikkelsen Dubois, 2023.

PORTUGUESE READING COMPREHENSION TEXTS: BEGINNERS - BOOK ONE

First edition. May 1, 2023.

ISBN: 979-8223283898

Written by Mikkelsen Dubois.

Table of Contents

How to Use This Portuguese Reading Comprehension Book

Step 1: Choose the Right Text Level

The first step in doing a Portuguese reading comprehension exercise is to choose the right text level. The text should be appropriate for the learner's level and interests. For beginners, texts with simpler vocabulary and shorter sentences are ideal. For more advanced learners, more complex texts can be used. Mikkelsen Dubois offers Portuguese Reading Comprehension Texts in different levels - beginner, intermediate and advanced, as well as First Steps for new language learners. It's also important to choose a text that is interesting to the learner. This can help to keep them engaged and motivated, which is crucial for language learning success. Texts on topics like history, culture, and current events can be particularly engaging for learners. Every Mikkelsen Dubois Reading Comprehension Book contains texts on a variety of different topics.

Step 2: Read the Text

Once a suitable text has been chosen, the learner should read it carefully. They should focus on understanding the meaning of the text and how the words and phrases are used in sentences. It's also important to pay attention to the structure of the sentences and the use of grammar. When reading the text, learners should try to read as much as they can without stopping to look up words in a dictionary. This can help to improve their overall comprehension skills and develop their ability to understand the text in context.

Step 3: Analyze the Text

After reading the text, the learner should analyze it to deepen their understanding. This involves paying attention to the structure of the sentences, the use of grammar, and the context in which words are used. Learners can ask themselves questions about the text to help them analyze it more deeply.

For example, they could ask themselves:

What is the main idea of the text?

What is the purpose of the text?

What is the tone of the text?

What new words or phrases have I learned from the text?

What new grammar structures have I learned from the text?

By analyzing the text in this way, learners can develop a more comprehensive understanding of the text and improve their comprehension skills. Making a note of new vocabulary, grammar and sentence structure will help the learner in this analysis and support the learning process.

Step 4: Answer the Questions

The next step in doing a Portuguese reading comprehension exercise is to answer the questions. In every Mikkelsen Dubois Portuguese Comprehension Book, questions are provided with the text. These questions are designed to test the learner's understanding of the text and their ability to apply their knowledge of Portuguese vocabulary and grammar. Learners should answer the questions as thoroughly and accurately as possible, using their knowledge of Portuguese vocabulary and grammar.

Step 5: Check Answers

After answering the questions, the learner should check their answers. This involves reviewing their responses and ensuring that they are accurate and complete. If the learner has made mistakes, they should try to identify the areas where they need to improve their understanding. This could involve reviewing specific vocabulary or grammar structures or practicing their comprehension skills with more texts.

Step 6: Review and Practice

The final step in doing a Portuguese reading comprehension exercise is to review and practice. This involves reviewing the text and the questions and identifying areas for improvement. Learners should use the reading comprehension exercise as a learning tool to improve their comprehension skills and develop their knowledge of Portuguese vocabulary and grammar. By regularly practicing with different types of texts and using strategies like taking notes, analyzing the text, and asking questions, learners can improve their comprehension skills more quickly.

Text One

Read the following Portuguese comprehension text carefully.

Then answer the questions using the information provided in the text.

Try to answer in full sentences and pay attention to your spelling and grammar.

Once you have answered all the questions, check your answers with the suggested answers.

<u>Minha Rotina Diária</u>

Olá! Meu nome é Ana e eu sou estudante. Eu acordo às 7h todos os dias e tomo café da manhã. Eu gosto de comer pão com manteiga e beber café com leite. Depois, eu me visto e escovo meus dentes. Eu saio de casa às 8h para pegar o ônibus e ir para a escola. Eu estudo matemática, história, geografia, português e ciências na escola. Eu gosto mais de história e ciências. Eu almoço na escola às 12h e volto para casa às 17h. Em casa, eu faço minha lição de casa e estudo para as provas. Às vezes, eu saio com meus amigos para tomar sorvete ou assistir a um filme no cinema. Eu janto com minha família às 19h e depois assistimos televisão juntos. Eu vou dormir às 22h para ter energia para o dia seguinte.

Questions

1. Que horas Ana acorda todos os dias?
2. O que ela gosta de comer no café da manhã?
3. O que Ana estuda na escola?
4. Que matérias Ana gosta mais?
5. A que horas Ana volta para casa depois da escola?
6. O que ela faz quando volta para casa?
7. O que Ana faz às vezes com seus amigos?
8. A que horas Ana vai dormir?

Answers

1. Ana acorda às 7h todos os dias.
2. Ana gosta de comer pão com manteiga e beber café com leite no café da manhã.
3. Ana estuda matemática, história, geografia, português e ciências na escola.
4. Ana gosta mais de história e ciências.
5. Ana volta para casa às 17h depois da escola.
6. Quando volta para casa, Ana faz sua lição de casa e estuda para as provas.
7. Às vezes, Ana sai com seus amigos para tomar sorvete ou assistir a um filme no cinema.
8. Ana vai dormir às 22h.

Text Two

Read the following Portuguese comprehension text carefully.

Then answer the questions using the information provided in the text.

Try to answer in full sentences and pay attention to your spelling and grammar.

Once you have answered all the questions, check your answers with the suggested answers.

<u>O Meu Animal de Estimação</u>

Eu tenho um animal de estimação. Ele é um cachorro e o nome dele é Max. Ele é muito bonito e brincalhão. Ele tem a pelagem marrom e branca. Ele adora brincar com sua bola favorita e correr pelo quintal. Ele também adora receber carinho e atenção. Eu gosto de levar Max para passear todos os dias. Ele adora cheirar as flores e ver outros cães no parque. Às vezes, eu dou um banho em Max para deixá-lo limpo e cheiroso. Eu alimento Max duas vezes por dia com ração e água fresca. Max é muito importante para mim e eu o amo muito.

Questions

1. Qual animal de estimação a pessoa tem?
2. Qual é o nome do animal de estimação?
3. Qual é a cor da pelagem do animal de estimação?
4. O que o animal de estimação gosta de fazer?
5. O que a pessoa faz para deixar o animal de estimação limpo e cheiroso?

Answers

1. A pessoa tem um cachorro como animal de estimação.
2. O nome do cachorro é Max.
3. A pelagem do cachorro é marrom e branca.
4. O cachorro gosta de brincar com sua bola favorita e correr pelo quintal.
5. A pessoa dá banho em Max para deixá-lo limpo e cheiroso.

Text Three

Read the following Portuguese comprehension text carefully.

Then answer the questions using the information provided in the text.

Try to answer in full sentences and pay attention to your spelling and grammar.

Once you have answered all the questions, check your answers with the suggested answers.

<u>O Meu Dia de Praia</u>

Eu gosto muito de ir à praia nos dias quentes de verão. Eu levo uma toalha, protetor solar, óculos de sol e uma garrafa de água. Eu chego à praia cedo para conseguir um bom lugar na areia. Eu gosto de tomar sol, nadar no mar e jogar frisbee com meus amigos. Às vezes, eu também gosto de ler um livro enquanto relaxo na praia. Eu adoro comer sanduíches e beber suco de laranja fresco na praia. Eu fico na praia até o final da tarde, quando o sol começa a se pôr. Eu assisto ao pôr do sol e tiro algumas fotos bonitas para recordar. Depois de um dia divertido na praia, eu volto para casa cansado, mas feliz.

Questions

1. O que a pessoa leva para a praia?
2. Por que a pessoa chega à praia cedo?
3. O que a pessoa gosta de fazer na praia?
4. O que a pessoa gosta de comer e beber na praia?
5. Até que horas a pessoa fica na praia?
6. O que a pessoa faz quando o sol começa a se pôr?
7. Como a pessoa se sente depois de um dia na praia?

Answers

1. A pessoa leva uma toalha, protetor solar, óculos de sol e uma garrafa de água para a praia.
2. A pessoa chega à praia cedo para conseguir um bom lugar na areia.
3. A pessoa gosta de tomar sol, nadar no mar, jogar frisbee com seus amigos e às vezes ler um livro.
4. A pessoa gosta de comer sanduíches e beber suco de laranja fresco na praia.
5. A pessoa fica na praia até o final da tarde, quando o sol começa a se pôr.
6. Quando o sol começa a se pôr, a pessoa assiste ao pôr do sol e tira algumas fotos bonitas.
7. A pessoa se sente cansada, mas feliz depois de um dia divertido na praia.

Text Four

Read the following Portuguese comprehension text carefully.

Then answer the questions using the information provided in the text.

Try to answer in full sentences and pay attention to your spelling and grammar.

Once you have answered all the questions, check your answers with the suggested answers.

<u>Os Elétricos de Lisboa</u>

Os elétricos de Lisboa são uma atração turística popular na cidade. Esses bondinhos amarelos e vermelhos são uma forma única e tradicional de transporte público em Lisboa. Os elétricos são especialmente úteis para subir e descer as colinas íngremes da cidade. Alguns dos elétricos são muito antigos e foram restaurados com cuidado para manter sua aparência histórica. Os elétricos percorrem rotas diferentes pela cidade, incluindo o famoso elétrico 28, que passa por alguns dos bairros mais bonitos de Lisboa. Muitos turistas gostam de andar no elétrico 28 para ver a arquitetura antiga da cidade e desfrutar das vistas deslumbrantes. Andar de elétrico em Lisboa é uma experiência única e divertida para todos os visitantes.

Questions

1. Por que os elétricos são especialmente úteis em Lisboa?
2. Que rota o elétrico 28 percorre?
3. Por que muitos turistas gostam de andar no elétrico 28?
4. Andar de elétrico em Lisboa é uma experiência divertida para quem?
5. Os elétricos são uma atração turística popular ou impopular em Lisboa?

Answers

1. Os elétricos são especialmente úteis para subir e descer as colinas íngremes da cidade.
2. O elétrico 28 percorre uma rota que passa por alguns dos bairros mais bonitos de Lisboa.
3. Muitos turistas gostam de andar no elétrico 28 para ver a arquitetura antiga da cidade e desfrutar das vistas deslumbrantes.
4. Andar de elétrico em Lisboa é uma experiência única e divertida para todos os visitantes.
5. Os elétricos são uma atração turística popular em Lisboa.

Text Five

Read the following Portuguese comprehension text carefully.

Then answer the questions using the information provided in the text.

Try to answer in full sentences and pay attention to your spelling and grammar.

Once you have answered all the questions, check your answers with the suggested answers.

<u>O tempo hoje</u>

Hoje o tempo está ensolarado e quente. A temperatura máxima será de cerca de 30 graus Celsius. Não há previsão de chuva para hoje, mas a umidade do ar está um pouco alta. É importante beber bastante água e usar roupas leves para se manter fresco e confortável. Se você planeja ficar fora de casa por um longo período de tempo, é recomendável usar protetor solar para evitar queimaduras solares.

Questions

1. Como está o tempo hoje?
2. Qual é a temperatura máxima para hoje?
3. Haverá chuva hoje?
4. Qual é a umidade do ar?
5. O que é recomendável fazer para se manter fresco e confortável?

Answers

1. O tempo está ensolarado e quente hoje.
2. A temperatura máxima para hoje será de cerca de 30 graus Celsius.
3. Não há previsão de chuva para hoje.
4. A umidade do ar está um pouco alta.
5. É recomendável beber bastante água e usar roupas leves para se manter fresco e confortável.

Text Six

—————

Read the following Portuguese comprehension text carefully.

Then answer the questions using the information provided in the text.

Try to answer in full sentences and pay attention to your spelling and grammar.

Once you have answered all the questions, check your answers with the suggested answers.

<u>A culinária do Algarve</u>

A região do Algarve é famosa pela sua culinária única e deliciosa. Os pratos mais populares incluem frutos do mar frescos, como sardinhas, camarões e polvo, além de pratos à base de carne de porco e cordeiro. As sopas também são muito populares no Algarve, especialmente a sopa de peixe e a sopa de tomate. Outros pratos tradicionais incluem o cozido à portuguesa, que é uma mistura de carne, legumes e feijão, e o arroz de pato, que é um prato de arroz cozido com pato e chouriço.

Os doces também são uma parte importante da culinária do Algarve. Os pastéis de nata são um doce tradicional português que são muito populares em todo o país, mas o Algarve tem sua própria versão - os pastéis de feijão. Esses pastéis são feitos com uma mistura de açúcar, ovos e feijão branco.

Questions

1. O que é popular na culinária do Algarve?
2. Quais são os frutos do mar mais populares na culinária do Algarve?
3. Quais são as sopas populares no Algarve?
4. O que são pastéis de feijão?
5. Qual é o doce tradicional português popular em todo o país?

Answers

1. Frutos do mar frescos e pratos à base de carne de porco e cordeiro são populares na culinária do Algarve.
2. Sardinhas, camarões e polvo são os frutos do mar mais populares na culinária do Algarve.
3. A sopa de peixe e a sopa de tomate são populares no Algarve.
4. Os pastéis de feijão são uma sobremesa tradicional do Algarve feita com açúcar, ovos e feijão branco.
5. Os pastéis de nata são o doce tradicional português popular em todo o país.

Text Seven

Read the following Portuguese comprehension text carefully.

Then answer the questions using the information provided in the text.

Try to answer in full sentences and pay attention to your spelling and grammar.

Once you have answered all the questions, check your answers with the suggested answers.

<u>A importância da reciclagem</u>

A reciclagem é uma prática importante para ajudar a preservar o meio ambiente. Quando reciclamos, estamos reutilizando materiais que, de outra forma, poderiam acabar em aterros sanitários ou poluir o meio ambiente. Ao reciclar, podemos economizar energia e recursos naturais, como água e madeira.

Muitos materiais podem ser reciclados, incluindo papel, plástico, vidro e metal. No entanto, é importante lembrar que nem todos os materiais podem ser reciclados da mesma forma. Alguns materiais precisam ser separados antes de serem reciclados e alguns precisam ser descartados de maneira especial.

Para ajudar a promover a reciclagem, é importante educar as pessoas sobre como reciclar corretamente e fornecer contêineres de reciclagem adequados em locais públicos e privados.

Questions

1. O que é a reciclagem?
2. Quais materiais podem ser reciclados?
3. Todos os materiais podem ser reciclados da mesma forma?
4. O que é importante fazer para promover a reciclagem?

Answers

1. A reciclagem é a prática de reutilizar materiais que, de outra forma, poderiam acabar em aterros sanitários ou poluir o meio ambiente.
2. Papel, plástico, vidro e metal são alguns dos materiais que podem ser reciclados.
3. Não, alguns materiais precisam ser separados antes de serem reciclados e alguns precisam ser descartados de maneira especial.
4. É importante educar as pessoas sobre como reciclar corretamente e fornecer contêineres de reciclagem adequados em locais públicos e privados para promover a reciclagem.

Text Eight

Read the following Portuguese comprehension text carefully.

Then answer the questions using the information provided in the text.

Try to answer in full sentences and pay attention to your spelling and grammar.

Once you have answered all the questions, check your answers with the suggested answers.

<u>A minha rotina diária</u>

Eu acordo todos os dias às seis horas da manhã. Depois, eu tomo um banho rápido e me visto. Em seguida, eu tomo o meu café da manhã, geralmente um café com leite e pão com manteiga. Depois de tomar o café da manhã, eu escovo os dentes e saio de casa para ir ao trabalho. Eu trabalho das oito horas da manhã até as cinco horas da tarde. Durante o meu horário de almoço, eu geralmente como um sanduíche ou uma salada.

Depois do trabalho, eu gosto de fazer uma caminhada no parque próximo à minha casa. Eu gosto de caminhar para relaxar e também para fazer exercícios físicos. Quando eu volto para casa, eu geralmente cozinho o meu jantar. Gosto de comer comida saudável, como arroz integral, legumes e frango grelhado.

Depois do jantar, eu gosto de assistir um filme ou ler um livro. Eu também gosto de conversar com amigos no telefone ou nas redes sociais.

Questions

1. A que horas a pessoa acorda todos os dias?
2. O que a pessoa toma no café da manhã?
3. O que a pessoa faz durante o horário de almoço?
4. O que a pessoa gosta de fazer depois do trabalho?
5. O que a pessoa gosta de comer no jantar?
6. O que a pessoa gosta de fazer depois do jantar?

Answers

1. A pessoa acorda todos os dias às seis horas da manhã.
2. A pessoa toma um café com leite e pão com manteiga no café da manhã.
3. Durante o horário de almoço, a pessoa geralmente come um sanduíche ou uma salada.
4. A pessoa gosta de fazer uma caminhada no parque próximo à casa depois do trabalho.
5. A pessoa gosta de comer comida saudável, como arroz integral, legumes e frango grelhado, no jantar.
6. Depois do jantar, a pessoa gosta de assistir um filme ou ler um livro. A pessoa também gosta de conversar com amigos no telefone ou nas redes sociais.

Text Nine

Read the following Portuguese comprehension text carefully.

Then answer the questions using the information provided in the text.

Try to answer in full sentences and pay attention to your spelling and grammar.

Once you have answered all the questions, check your answers with the suggested answers.

<u>Quem foi Magalhães?</u>

Fernão de Magalhães, também conhecido como Magalhães, foi um explorador português que viveu no século XVI. Ele é famoso por ter liderado a primeira expedição que circum-navegou o mundo, navegando através do Estreito de Magalhães, situado na América do Sul, e chegando às Ilhas das Especiarias, na atual Indonésia.

Magalhães nasceu em Sabrosa, Portugal, em 1480, e entrou para a marinha portuguesa aos 25 anos. Mais tarde, mudou-se para a Espanha, onde convenceu o rei Carlos V a patrocinar sua expedição. Em 1519, ele partiu com cinco navios e cerca de 270 homens. Apesar de ter enfrentado muitos desafios e dificuldades, Magalhães conseguiu completar a viagem em três anos, mas acabou morrendo em uma batalha nas Filipinas em 1521.

Questions

1. Quem foi Magalhães?
2. Qual é o feito pelo qual ele é famoso?
3. Em que ano ele partiu em sua expedição?
4. Onde ele morreu?

Answers

1. Magalhães foi um explorador português que liderou a primeira expedição que circum-navegou o mundo.
2. Ele é famoso por ter navegado através do Estreito de Magalhães e chegado às Ilhas das Especiarias.
3. Ele partiu em sua expedição em 1519.
4. Ele morreu em uma batalha nas Filipinas em 1521.

Text Ten

Read the following Portuguese comprehension text carefully.

Then answer the questions using the information provided in the text.

Try to answer in full sentences and pay attention to your spelling and grammar.

Once you have answered all the questions, check your answers with the suggested answers.

<u>A culinária de Moçambique</u>

Moçambique é um país localizado na costa leste da África, conhecido por sua diversidade cultural e culinária. A comida moçambicana é uma mistura de influências africanas, indianas e portuguesas, o que a torna única e deliciosa.

Um dos pratos mais populares em Moçambique é o peri-peri, que é feito com frango marinado em uma mistura de especiarias picantes. Outro prato famoso é o matapa, um ensopado de amendoim e verduras que é servido com arroz.

Os peixes e frutos do mar também são muito apreciados na culinária moçambicana, especialmente o camarão e o caranguejo. Eles são geralmente cozidos com leite de coco e especiarias para dar sabor.

Para sobremesa, os moçambicanos gostam de comer frutas tropicais como manga, abacaxi e banana.

Questions

1. Onde fica Moçambique?
2. Como é a culinária moçambicana?
3. O que é matapa?
4. Quais são os frutos do mar apreciados na culinária moçambicana?
5. O que os moçambicanos comem para sobremesa?

Answers

1. Moçambique fica na costa leste da África.
2. A culinária moçambicana é uma mistura de influências africanas, indianas e portuguesas.
3. Matapa é um ensopado de amendoim e verduras que é servido com arroz.
4. Os frutos do mar apreciados na culinária moçambicana são camarão e caranguejo.
5. Os moçambicanos comem frutas tropicais como manga, abacaxi e banana para sobremesa.

Text Eleven

Read the following Portuguese comprehension text carefully.

Then answer the questions using the information provided in the text.

Try to answer in full sentences and pay attention to your spelling and grammar.

Once you have answered all the questions, check your answers with the suggested answers.

<u>As redes sociais e a sua influência no mundo atual</u>

As redes sociais são plataformas online que permitem que as pessoas se conectem e interajam umas com as outras através da internet. Elas se tornaram uma parte importante da vida cotidiana de muitas pessoas e mudaram a forma como nos comunicamos e compartilhamos informações.

Existem muitas redes sociais populares, como Facebook, Instagram, Twitter e LinkedIn, cada uma com sua própria finalidade e público-alvo. Por exemplo, o Facebook é mais utilizado para conectar-se com amigos e familiares, enquanto o LinkedIn é usado para networking profissional.

Embora as redes sociais possam ser uma ferramenta útil para se conectar com os outros, elas também podem ter efeitos negativos. Muitas vezes, as pessoas se comparam com os outros e se sentem mal por não terem a vida perfeita que veem nas postagens de outras pessoas.

Além disso, as redes sociais também podem ser usadas para espalhar desinformação e notícias falsas, o que pode ter consequências graves.

Questions

1. O que são redes sociais?
2. Quais são algumas redes sociais populares?
3. Qual é a finalidade do Facebook e do LinkedIn?
4. As redes sociais podem ter efeitos negativos? Quais são eles?

Answers

1. As redes sociais são plataformas online que permitem que as pessoas se conectem e interajam umas com as outras através da internet.
2. Algumas redes sociais populares são Facebook, Instagram, Twitter e LinkedIn.
3. O Facebook é mais utilizado para conectar-se com amigos e familiares, enquanto o LinkedIn é usado para networking profissional.
4. Sim, as redes sociais podem ter efeitos negativos, como fazer as pessoas se compararem com os outros e espalhar desinformação.

Text Twelve

Read the following Portuguese comprehension text carefully.

Then answer the questions using the information provided in the text.

Try to answer in full sentences and pay attention to your spelling and grammar.

Once you have answered all the questions, check your answers with the suggested answers.

<u>O Galo de Barcelos</u>

O Galo de Barcelos é um símbolo muito importante de Portugal. Ele vem da cidade de Barcelos, no norte do país, e representa coragem, justiça e sorte. Há uma lenda muito antiga sobre como o galo se tornou um símbolo nacional.

Diz a lenda que um peregrino estava viajando por Barcelos e foi acusado de roubar uma galinha. Ele foi levado a julgamento e condenado à morte. Antes de ser executado, ele pediu para falar com o juiz. O juiz estava jantando um galo assado e disse que iria acreditar na inocência do peregrino se o galo se levantasse e cantasse. E foi exatamente o que aconteceu. O galo se levantou e cantou, e o peregrino foi libertado.

Desde então, o galo de Barcelos se tornou um símbolo muito popular em Portugal. Ele pode ser encontrado em muitos lugares, como em souvenirs, cerâmicas e até mesmo em desfiles.

Questions

1. De onde vem o Galo de Barcelos?
2. O que ele representa?
3. Qual é a lenda associada ao galo?

Answers

1. O Galo de Barcelos vem da cidade de Barcelos, no norte de Portugal.
2. Ele representa coragem, justiça e sorte.
3. A lenda diz que um peregrino foi acusado de roubar uma galinha e condenado à morte, mas foi libertado depois que um galo se levantou e cantou.

Text Thirteen

Read the following Portuguese comprehension text carefully.

Then answer the questions using the information provided in the text.

Try to answer in full sentences and pay attention to your spelling and grammar.

Once you have answered all the questions, check your answers with the suggested answers.

<u>Uma visita ao zoológico</u>

Hoje eu fui ao zoológico com minha família. Foi um dia ensolarado e perfeito para visitar os animais. Quando chegamos, compramos os ingressos e pegamos um mapa para nos orientarmos.

Nós vimos muitos animais diferentes, como leões, tigres, elefantes, macacos, girafas e zebras. Eu adorei ver os golfinhos nadando e pulando na água. Eles eram tão graciosos!

Também assistimos a uma apresentação de pássaros, onde vimos águias, corujas e falcões. Foi muito legal ver como os pássaros voam e caçam.

Além dos animais, o zoológico também tinha várias áreas de lazer, como um parque infantil e uma lanchonete onde comemos um delicioso hambúrguer.

Foi um dia incrível no zoológico e eu mal posso esperar para voltar lá novamente.

Questions

1. Para onde a pessoa foi?
2. Com quem ela foi?
3. O que ela viu no zoológico?
4. O que ela achou dos golfinhos?
5. O que ela viu na apresentação de pássaros?
6. Além dos animais, o que mais havia no zoológico?
7. O que ela comeu na lanchonete?

Answers

1. A pessoa foi ao zoológico.
2. Ela foi com sua família.
3. Ela viu muitos animais diferentes, como leões, tigres, elefantes, macacos, girafas e zebras.
4. Ela adorou ver os golfinhos nadando e pulando na água.
5. Ela viu águias, corujas e falcões na apresentação de pássaros.
6. Além dos animais, o zoológico tinha várias áreas de lazer, como um parque infantil e uma lanchonete.
7. Ela comeu um delicioso hambúrguer na lanchonete.

Text Fourteen

Read the following Portuguese comprehension text carefully.

Then answer the questions using the information provided in the text.

Try to answer in full sentences and pay attention to your spelling and grammar.

Once you have answered all the questions, check your answers with the suggested answers.

<u>Capoeira - Uma Dança Brasileira com Raízes Africanas</u>

Capoeira é uma forma de arte marcial e dança que tem suas raízes na cultura africana e foi desenvolvida no Brasil pelos escravos africanos. A capoeira é caracterizada por movimentos acrobáticos, kicks, esquivas e gingas, que são realizados ao som de música e canto.

A capoeira foi originalmente criada como uma forma de resistência contra a opressão dos colonizadores portugueses. Os escravos africanos eram proibidos de praticar suas tradições culturais, então eles criaram a capoeira como uma forma de luta disfarçada de dança. Durante as apresentações de capoeira, os escravos africanos fingiam estar dançando, mas na realidade estavam treinando suas habilidades de luta.

Hoje em dia, a capoeira é praticada em todo o mundo como uma forma de arte, dança e esporte. É uma maneira única de expressar a cultura brasileira e a história africana.

Questions

1. Qual é a origem da capoeira?
2. Por que os escravos africanos criaram a capoeira?
3. Como a capoeira é praticada atualmente?

Answers

1. A capoeira tem suas origens na cultura africana e foi desenvolvida no Brasil pelos escravos africanos.
2. Os escravos africanos criaram a capoeira como uma forma de resistência contra a opressão dos colonizadores portugueses. Eles criaram a capoeira como uma forma de luta disfarçada de dança.
3. A capoeira é praticada atualmente em todo o mundo como uma forma de arte, dança e esporte. É uma maneira única de expressar a cultura brasileira e a história africana.

Text Fifteen

Read the following Portuguese comprehension text carefully.

Then answer the questions using the information provided in the text.

Try to answer in full sentences and pay attention to your spelling and grammar.

Once you have answered all the questions, check your answers with the suggested answers.

<u>Uma viagem ao cinema</u>

Hoje é um dia especial, pois vou ao cinema com meus amigos! Eu escolhi o filme que vamos assistir e comprei os ingressos online para não enfrentarmos filas. O cinema fica perto da minha casa, então fomos a pé.

Quando chegamos, mostramos os ingressos para o atendente e ele nos direcionou para a sala de cinema. A sala estava escura e com um cheiro de pipoca delicioso. Encontramos nossos lugares e esperamos o filme começar.

O filme foi emocionante e engraçado. Rimos muito e até mesmo choramos em algumas cenas. Quando o filme acabou, saímos da sala de cinema e discutimos sobre as partes que mais gostamos.

Depois do filme, decidimos comer algo no shopping próximo. Compramos algumas guloseimas e conversamos sobre o que faríamos na próxima vez que fossemos ao cinema.

Questions

1. Para onde os amigos foram?
2. Quem escolheu o filme e como os ingressos foram comprados?
3. Como eles foram para o cinema?
4. O que aconteceu quando chegaram no cinema?
5. Como era a sala de cinema?
6. O que eles fizeram depois do filme?

Answers

1. Os amigos foram ao cinema.
2. O narrador escolheu o filme e comprou os ingressos online.
3. Eles foram a pé para o cinema.
4. Eles mostraram os ingressos para o atendente.
5. A sala de cinema estava escura e com um cheiro de pipoca delicioso.
6. Eles decidiram comer algo no shopping próximo e conversaram sobre o que fariam na próxima vez que fossem ao cinema.

Text Sixteen

Read the following Portuguese comprehension text carefully.

Then answer the questions using the information provided in the text.

Try to answer in full sentences and pay attention to your spelling and grammar.

Once you have answered all the questions, check your answers with the suggested answers.

<u>O futebol</u>

O futebol é um esporte popular em todo o mundo. É jogado com uma bola e duas equipes de onze jogadores cada. O objetivo do jogo é marcar gols na rede do adversário.

O jogo começa com um chute inicial, onde a bola é colocada no meio do campo e um jogador de cada equipe tenta chutá-la em direção ao campo adversário. Durante o jogo, os jogadores devem evitar tocar a bola com as mãos ou os braços, exceto o goleiro que pode usar as mãos dentro da área do gol.

Os jogadores podem marcar gols com qualquer parte do corpo, desde que a bola cruze a linha do gol. O jogo é dividido em dois tempos de 45 minutos cada, com um intervalo de 15 minutos entre eles.

Questions

1. Qual é o objetivo do jogo de futebol?
2. Quantos jogadores em cada equipe jogam futebol?
3. Qual parte do corpo é proibida para tocar a bola?
4. Quanto tempo dura cada tempo do jogo de futebol?
5. O que é o chute inicial?

Answers

1. O objetivo do jogo de futebol é marcar gols na rede do adversário.
2. Cada equipe tem onze jogadores.
3. Os jogadores devem evitar tocar a bola com as mãos ou os braços, exceto o goleiro que pode usar as mãos dentro da área do gol.
4. Cada tempo do jogo de futebol dura 45 minutos.
5. O chute inicial é o momento no início do jogo onde a bola é colocada no meio do campo e um jogador de cada equipe tenta chutá-la em direção ao campo adversário.

Text Seventeen

Read the following Portuguese comprehension text carefully.

Then answer the questions using the information provided in the text.

Try to answer in full sentences and pay attention to your spelling and grammar.

Once you have answered all the questions, check your answers with the suggested answers.

<u>O Carnaval do Rio de Janeiro</u>

O Carnaval é uma festa muito popular no Brasil, e uma das mais famosas é a do Rio de Janeiro. Todos os anos, milhões de pessoas de todo o mundo vêm para a cidade para participar da festa. Durante os dias de Carnaval, há desfiles de escolas de samba e muitos blocos de rua, com música, dança e fantasias coloridas. As pessoas se divertem muito, pulando, dançando e cantando.

As escolas de samba são grupos organizados que competem entre si em desfiles na Marquês de Sapucaí. Eles têm muitos componentes, incluindo músicos, dançarinos e artistas que desfilam com carros alegóricos gigantes e fantásticos.

As fantasias usadas pelos participantes do Carnaval são sempre muito criativas e extravagantes. Muitas vezes, elas têm temas relacionados a filmes, personagens famosos ou eventos importantes.

O Carnaval do Rio de Janeiro é uma festa muito importante para a cultura brasileira e é uma experiência única para quem a visita.

Questions

1. Quantas pessoas vêm para o Rio de Janeiro para participar do Carnaval?
2. O que acontece durante os dias de Carnaval?
3. O que são escolas de samba?
4. Quem desfila com as escolas de samba?
5. Como são as fantasias usadas pelos participantes do Carnaval?
6. O que o Carnaval representa para a cultura brasileira?

Answers

1. Milhões de pessoas vêm para o Rio de Janeiro para participar do Carnaval.
2. Durante os dias de Carnaval, há desfiles de escolas de samba e muitos blocos de rua, com música, dança e fantasias coloridas.
3. Escolas de samba são grupos organizados que competem entre si em desfiles na Marquês de Sapucaí.
4. As escolas de samba têm muitos componentes, incluindo músicos, dançarinos e artistas que desfilam com carros alegóricos gigantes e fantásticos.
5. As fantasias usadas pelos participantes do Carnaval são sempre muito criativas e extravagantes, muitas vezes com temas relacionados a filmes, personagens famosos ou eventos importantes.
6. O Carnaval é uma festa muito importante para a cultura brasileira e é uma experiência única para quem a visita.

Text Eighteen

Read the following Portuguese comprehension text carefully.

Then answer the questions using the information provided in the text.

Try to answer in full sentences and pay attention to your spelling and grammar.

Once you have answered all the questions, check your answers with the suggested answers.

<u>A Minha Rotina Diária</u>

Eu sou Ana e moro em Lisboa. Eu acordo às sete horas da manhã todos os dias e tomo um café da manhã leve. Depois disso, eu me visto e pego o ônibus para o trabalho às oito horas. Eu trabalho em um escritório das nove às cinco da tarde. Durante o meu horário de almoço, eu como um sanduíche ou salada na cafeteria próxima ao meu escritório. Depois do trabalho, eu faço algumas compras no supermercado e volto para casa. Eu gosto de cozinhar, então geralmente preparo o jantar para mim e para a minha família. Eu também assisto à televisão ou leio um livro antes de dormir. Eu geralmente vou dormir por volta das onze horas.

Questions

1. Onde Ana mora?
2. A que horas Ana acorda todos os dias?
3. O que Ana toma no café da manhã?
4. Que horas Ana pega o ônibus para o trabalho?
5. O que Ana come durante o seu horário de almoço?
6. O que Ana faz depois do trabalho?
7. O que Ana gosta de fazer em casa?
8. A que horas Ana geralmente vai dormir?

Answers

1. Ana mora em Lisboa.
2. Ana acorda às sete horas da manhã todos os dias.
3. Ana toma um café da manhã leve.
4. Ana pega o ônibus para o trabalho às oito horas.
5. Ana come um sanduíche ou salada na cafeteria próxima ao seu escritório.
6. Depois do trabalho, Ana faz algumas compras no supermercado e volta para casa.
7. Ana gosta de cozinhar e assistir à televisão ou ler um livro antes de dormir.
8. Ana geralmente vai dormir por volta das onze horas.

Text Nineteen

Read the following Portuguese comprehension text carefully.

Then answer the questions using the information provided in the text.

Try to answer in full sentences and pay attention to your spelling and grammar.

Once you have answered all the questions, check your answers with the suggested answers.

<u>Quem foi Fernando Pessoa?</u>

Fernando Pessoa foi um poeta, escritor e filósofo português que viveu no século XX. Ele nasceu em Lisboa em 13 de junho de 1888 e faleceu em 30 de novembro de 1935. Pessoa é considerado um dos maiores poetas da língua portuguesa e um dos maiores escritores do século XX.

Pessoa é conhecido por ter criado heterônimos, personagens fictícios com personalidades e estilos literários próprios, como Alberto Caeiro, Álvaro de Campos e Ricardo Reis. Esses heterônimos escreviam poemas e prosas com características distintas, criando assim uma riqueza literária ímpar.

Fernando Pessoa é uma figura importante da cultura portuguesa e deixou um legado significativo na literatura. Suas obras continuam a ser estudadas e apreciadas em todo o mundo.

Questions

1. Quem foi Fernando Pessoa?
2. Em que século ele viveu?
3. O que são heterônimos?

Answers

1. Fernando Pessoa foi um poeta, escritor e filósofo português.
2. Ele viveu no século XX.
3. Heterônimos são personagens fictícios criados por Pessoa com personalidades e estilos literários próprios.

Text Twenty

Read the following Portuguese comprehension text carefully.

Then answer the questions using the information provided in the text.

Try to answer in full sentences and pay attention to your spelling and grammar.

Once you have answered all the questions, check your answers with the suggested answers.

<u>Reveillon no Brasil</u>

O Reveillon é uma das maiores festas no Brasil e acontece na virada do ano. As pessoas se vestem de branco e vão para a praia ou para festas em casas ou hotéis. É uma tradição para muitos brasileiros pular sete ondas no mar para trazer boa sorte para o ano novo.

As comidas típicas incluem lentilhas, que representam prosperidade, e uvas, que representam paz. Muitas pessoas também bebem champanhe para brindar o ano novo.

À meia-noite, os fogos de artifício iluminam o céu enquanto as pessoas abraçam e desejam feliz ano novo uns aos outros. A música é uma parte importante da celebração, com muitas pessoas dançando até o amanhecer.

Questions

1. O que é o Reveillon?
2. O que as pessoas vestem durante o Reveillon?
3. Qual é a tradição das sete ondas?
4. Quais são as comidas típicas do Reveillon?
5. O que acontece à meia-noite durante a celebração?

Answers

1. O Reveillon é uma festa que acontece na virada do ano.
2. As pessoas vestem branco durante o Reveillon.
3. A tradição das sete ondas é pular sete ondas no mar para trazer boa sorte para o ano novo.
4. As comidas típicas do Reveillon incluem lentilhas e uvas.
5. À meia-noite, os fogos de artifício iluminam o céu enquanto as pessoas abraçam e desejam feliz ano novo uns aos outros.

Text Twenty One

Read the following Portuguese comprehension text carefully.

Then answer the questions using the information provided in the text.

Try to answer in full sentences and pay attention to your spelling and grammar.

Once you have answered all the questions, check your answers with the suggested answers.

<u>Descobrindo Cabo Verde</u>

Cabo Verde é um pequeno país insular localizado na costa oeste da África, no Oceano Atlântico. É composto por dez ilhas principais e algumas ilhotas, sendo as ilhas mais populosas Santiago, São Vicente e Santo Antão.

O país é conhecido por suas praias de areia branca, montanhas imponentes, música animada e cultura única. A capital, Praia, está localizada na ilha de Santiago e é o centro político e econômico do país.

Cabo Verde tem uma rica herança cultural, que reflete a mistura de influências africanas e europeias. Sua música é uma mistura de estilos africanos e portugueses, e sua culinária apresenta influências de Portugal, Brasil e África.

Algumas das atividades populares em Cabo Verde incluem passeios de barco, mergulho, caminhadas nas montanhas e desfrutar de pratos tradicionais como cachupa e pastéis de milho.

Questions

1. Onde fica Cabo Verde?
2. Quantas ilhas compõem Cabo Verde?
3. Qual é a herança cultural de Cabo Verde?

Answers

1. Cabo Verde fica na costa oeste da África, no Oceano Atlântico.
2. Cabo Verde é composto por dez ilhas principais e algumas ilhotas.
3. Cabo Verde tem uma rica herança cultural, que reflete a mistura de influências africanas e europeias.

Text Twenty Two

Read the following Portuguese comprehension text carefully.

Then answer the questions using the information provided in the text.

Try to answer in full sentences and pay attention to your spelling and grammar.

Once you have answered all the questions, check your answers with the suggested answers.

<u>O que é o samba?</u>

O samba é um dos gêneros musicais mais populares do Brasil. Originário da cidade do Rio de Janeiro, o samba é caracterizado por suas batidas de percussão e sua letra animada que falam sobre amor, carnaval, e a vida cotidiana. O samba é uma expressão cultural da comunidade negra e tem suas raízes no samba de roda da Bahia.

O samba é tocado em diversas ocasiões, desde festas de aniversário até grandes desfiles de carnaval. É comum ver pessoas dançando samba em casas noturnas, bailes e festas de rua.

Questions

1. O que é samba?
2. Onde o samba teve origem?
3. Qual é a característica do samba?
4. Em quais ocasiões o samba é tocado?
5. Onde é comum ver pessoas dançando samba?

Answers

1. O samba é um gênero musical brasileiro.
2. O samba teve origem na cidade do Rio de Janeiro.
3. O samba é caracterizado por suas batidas de percussão e sua letra animada que falam sobre amor, carnaval, e a vida cotidiana.
4. O samba é tocado em diversas ocasiões, desde festas de aniversário até grandes desfiles de carnaval.
5. É comum ver pessoas dançando samba em casas noturnas, bailes e festas de rua.

Text Twenty Three

Read the following Portuguese comprehension text carefully.

Then answer the questions using the information provided in the text.

Try to answer in full sentences and pay attention to your spelling and grammar.

Once you have answered all the questions, check your answers with the suggested answers.

<u>O tempo amanhã</u>

Para amanhã, a previsão do tempo é de céu claro e sol. As temperaturas vão variar de 15°C a 25°C ao longo do dia. Não há previsão de chuva, então é um ótimo dia para passar o tempo ao ar livre. Lembre-se de se proteger do sol, usando um chapéu e protetor solar, para evitar queimaduras solares.

Questions

1. Qual é a previsão do tempo para amanhã?
2. Haverá chuva?
3. Como serão as temperaturas ao longo do dia?
4. O que as pessoas devem fazer para se proteger do sol?

Answers

1. A previsão do tempo para amanhã é de céu claro e sol.
2. Não há previsão de chuva.
3. As temperaturas vão variar de 15°C a 25°C ao longo do dia.
4. As pessoas devem se proteger do sol usando um chapéu e protetor solar para evitar queimaduras solares.

Text Twenty Four

Read the following Portuguese comprehension text carefully.

Then answer the questions using the information provided in the text.

Try to answer in full sentences and pay attention to your spelling and grammar.

Once you have answered all the questions, check your answers with the suggested answers.

<u>O Que Significa Ser Lusófono?</u>

Ser lusófono significa falar a língua portuguesa e compartilhar uma herança cultural e histórica comum com outros países de língua portuguesa. A palavra "lusófono" vem do latim "Lusitania", o nome dado pelos romanos à região que hoje corresponde a Portugal. Hoje em dia, os países lusófonos incluem além de Portugal, Angola, Brasil, Cabo Verde, Guiné-Bissau, Moçambique, São Tomé e Príncipe e Timor-Leste.

Os países lusófonos têm muitas coisas em comum, incluindo a língua portuguesa e influências culturais e históricas. A literatura, música e dança são importantes em todos esses países, e a culinária portuguesa é especialmente popular em muitos deles.

Questions

1. O que significa ser lusófono?
2. De onde vem a palavra "lusófono"?
3. Quais países são considerados lusófonos?
4. O que os países lusófonos têm em comum?

Answers

1. Ser lusófono significa falar a língua portuguesa e compartilhar uma herança cultural e histórica comum com outros países de língua portuguesa.
2. A palavra "lusófono" vem do latim "Lusitania", o nome dado pelos romanos à região que hoje corresponde a Portugal.
3. Os países lusófonos incluem Portugal, Angola, Brasil, Cabo Verde, Guiné-Bissau, Moçambique, São Tomé e Príncipe e Timor-Leste.
4. Os países lusófonos têm muitas coisas em comum, incluindo a língua portuguesa e influências culturais e históricas.

Text Twenty Five

Read the following Portuguese comprehension text carefully.

Then answer the questions using the information provided in the text.

Try to answer in full sentences and pay attention to your spelling and grammar.

Once you have answered all the questions, check your answers with the suggested answers.

<u>O Dia de Camões</u>

O Dia de Camões é um feriado nacional em Portugal que acontece no dia 10 de junho. Este dia é dedicado a homenagear Luís Vaz de Camões, um poeta português que é considerado um dos maiores escritores da língua portuguesa.

Camões nasceu em Lisboa em 1524 e viveu em uma época de grandes mudanças em Portugal. Ele é mais conhecido por sua obra épica "Os Lusíadas", que conta a história dos descobrimentos portugueses. A obra é considerada uma das mais importantes da literatura portuguesa e é estudada em escolas de todo o país.

No Dia de Camões, as pessoas em Portugal costumam participar de desfiles e eventos para celebrar a vida e a obra do poeta. O feriado também é uma oportunidade para os portugueses refletirem sobre a importância da língua portuguesa e da cultura portuguesa em todo o mundo.

Questions

1. Quando é o Dia de Camões?
2. Quem é Luís Vaz de Camões?
3. Qual é a obra mais conhecida de Camões?
4. O que as pessoas em Portugal fazem no Dia de Camões?
5. Por que o Dia de Camões é importante para os portugueses?

Answers

1. O Dia de Camões é em 10 de junho.
2. Luís Vaz de Camões é um poeta português considerado um dos maiores escritores da língua portuguesa.
3. A obra mais conhecida de Camões é "Os Lusíadas", que conta a história dos descobrimentos portugueses.
4. No Dia de Camões, as pessoas em Portugal participam de desfiles e eventos para celebrar a vida e a obra do poeta.
5. O Dia de Camões é importante para os portugueses porque é uma oportunidade para refletir sobre a importância da língua portuguesa e da cultura portuguesa em todo o mundo.

Text Twenty Six

Read the following Portuguese comprehension text carefully.

Then answer the questions using the information provided in the text.

Try to answer in full sentences and pay attention to your spelling and grammar.

Once you have answered all the questions, check your answers with the suggested answers.

<u>Conheça as capivaras</u>

As capivaras são animais bastante comuns na América do Sul e são consideradas os maiores roedores do mundo. Elas têm um corpo grande e pesado, com pernas curtas e uma cabeça arredondada com pequenas orelhas. As capivaras são animais herbívoros e se alimentam principalmente de gramíneas e folhas.

As capivaras são animais sociais e vivem em grupos familiares que podem chegar a ter até 20 indivíduos. Elas são ótimas nadadoras e passam grande parte do tempo na água. As capivaras são bastante adaptáveis e podem ser encontradas em diversos tipos de habitats, como florestas, cerrados, áreas alagadas e até mesmo em parques urbanos.

Questions

1. Onde as capivaras vivem?
2. O que as capivaras comem?
3. Como é o corpo das capivaras?
4. Como as capivaras se adaptam a diferentes habitats?
5. Com quantos indivíduos as capivaras vivem em grupo?

Answers

1. As capivaras vivem na América do Sul.
2. As capivaras são animais herbívoros e se alimentam principalmente de gramíneas e folhas.
3. As capivaras têm um corpo grande e pesado, com pernas curtas e uma cabeça arredondada com pequenas orelhas.
4. As capivaras são bastante adaptáveis e podem ser encontradas em diversos tipos de habitats, como florestas, cerrados, áreas alagadas e até mesmo em parques urbanos.
5. As capivaras vivem em grupos familiares que podem chegar a ter até 20 indivíduos.

Text Twenty Seven

Read the following Portuguese comprehension text carefully.

Then answer the questions using the information provided in the text.

Try to answer in full sentences and pay attention to your spelling and grammar.

Once you have answered all the questions, check your answers with the suggested answers.

<u>O tempo hoje</u>

Hoje o tempo está ensolarado e quente. A temperatura está em torno de 30 graus Celsius e não há nuvens no céu. É um bom dia para ir à praia ou fazer um piquenique no parque.

À noite, a temperatura deve cair um pouco, mas ainda será agradável.

Questions

1. Como está o tempo hoje?
2. Qual é a temperatura?
3. Há nuvens no céu?
4. O que é possível fazer em um dia como este?

Answers

1. O tempo hoje está ensolarado e quente.
2. A temperatura está em torno de 30 graus Celsius.
3. Não há nuvens no céu.
4. É um bom dia para ir à praia ou fazer um piquenique no parque.

Text Twenty Eight

———

Read the following Portuguese comprehension text carefully.

Then answer the questions using the information provided in the text.

Try to answer in full sentences and pay attention to your spelling and grammar.

Once you have answered all the questions, check your answers with the suggested answers.

<u>A bandeira do Brasil</u>

A bandeira do Brasil é um dos símbolos mais importantes do país. Ela foi criada em 1889, após a proclamação da República, e é composta por três cores: verde, amarelo e azul.

O verde representa as matas e florestas do Brasil, o amarelo simboliza as riquezas naturais e o azul simboliza o céu. A bandeira ainda possui uma esfera azul no centro, que representa o globo terrestre, e 27 estrelas brancas, que simbolizam os estados brasileiros.

A bandeira é hasteada em diversas ocasiões, como em dias festivos e cerimônias oficiais. Além disso, ela também é usada como símbolo em eventos esportivos, como nas Olimpíadas e na Copa do Mundo.

Questions

1. Qual é a importância da bandeira do Brasil?
2. Quais são as cores da bandeira e o que elas representam?
3. O que representa a esfera azul no centro da bandeira?
4. Quantas estrelas a bandeira do Brasil possui e o que elas simbolizam?
5. Em quais ocasiões a bandeira é hasteada?

Answers

1. A bandeira do Brasil é um dos símbolos mais importantes do país.
2. As cores da bandeira são verde, amarelo e azul. O verde representa as matas e florestas do Brasil, o amarelo simboliza as riquezas naturais e o azul simboliza o céu.
3. A esfera azul no centro da bandeira representa o globo terrestre.
4. A bandeira do Brasil possui 27 estrelas brancas, que simbolizam os estados brasileiros.
5. A bandeira é hasteada em diversas ocasiões, como em dias festivos e cerimônias oficiais. Além disso, ela também é usada como símbolo em eventos esportivos, como nas Olimpíadas e na Copa do Mundo.

Text Twenty Nine

Read the following Portuguese comprehension text carefully.

Then answer the questions using the information provided in the text.

Try to answer in full sentences and pay attention to your spelling and grammar.

Once you have answered all the questions, check your answers with the suggested answers.

<u>O desmatamento da Amazônia</u>

O desmatamento da Amazônia é um dos principais problemas ambientais do Brasil e do mundo. A Amazônia é a maior floresta tropical do planeta, abrigando uma incrível biodiversidade e influenciando diretamente o clima global. Infelizmente, desde a década de 1970, a região tem sido alvo de uma intensa exploração madeireira e agropecuária, o que tem resultado na devastação de grandes áreas da floresta.

O desmatamento traz consequências graves, como o aumento do efeito estufa, a perda de habitats e a extinção de espécies animais e vegetais. Além disso, a atividade humana na região tem causado conflitos com as comunidades indígenas que habitam a floresta.

O governo brasileiro tem adotado medidas para combater o desmatamento, mas ainda há muito a ser feito. É necessário conscientizar a população sobre a importância da preservação da Amazônia e incentivar o desenvolvimento sustentável na região.

Questions

1. Qual é o problema ambiental abordado no texto?
2. O que tem causado o desmatamento da Amazônia?
3. Quais são as consequências do desmatamento?
4. O que o governo brasileiro tem feito para combater o desmatamento?

Answers

1. O problema ambiental abordado no texto é o desmatamento da Amazônia.
2. A exploração madeireira e agropecuária têm causado o desmatamento da Amazônia.
3. As consequências do desmatamento incluem o aumento do efeito estufa, a perda de habitats e a extinção de espécies animais e vegetais.
4. O governo brasileiro tem adotado medidas para combater o desmatamento, mas ainda há muito a ser feito, como conscientizar a população sobre a importância da preservação da Amazônia e incentivar o desenvolvimento sustentável na região.

Text Thirty

Read the following Portuguese comprehension text carefully.

Then answer the questions using the information provided in the text.

Try to answer in full sentences and pay attention to your spelling and grammar.

Once you have answered all the questions, check your answers with the suggested answers.

<u>Natal em Portugal</u>

O Natal é uma das festas mais importantes em Portugal. As comemorações começam em dezembro e duram até o Dia de Reis, em janeiro. As casas são decoradas com luzes, árvores de Natal, presépios e outras decorações típicas. Nas ruas, há música, mercados de Natal e muita animação.

Na noite de Natal, as famílias juntam-se para celebrar e comer a ceia de Natal, que inclui pratos tradicionais como bacalhau, peru, batatas e rabanadas. A troca de presentes também é uma tradição importante no Natal em Portugal.

No dia de Natal, as igrejas ficam cheias para a missa do galo, que celebra o nascimento de Jesus Cristo. Nos dias seguintes, há festas e celebrações em muitas cidades portuguesas.

Questions

1. Quando começam as comemorações do Natal em Portugal?
2. O que é colocado nas casas como decoração?
3. O que é tradicionalmente servido na ceia de Natal em Portugal?
4. O que é a missa do galo e quando acontece?

Answers

1. As comemorações do Natal em Portugal começam em dezembro e duram até o Dia de Reis, em janeiro.
2. Luzes, árvores de Natal, presépios e outras decorações típicas são colocadas nas casas como decoração.
3. Bacalhau, peru, batatas e rabanadas são tradicionalmente servidos na ceia de Natal em Portugal.
4. A missa do galo é uma celebração religiosa que acontece na noite de Natal para comemorar o nascimento de Jesus Cristo.

www.ingramcontent.com/pod-product-compliance
Lightning Source LLC
Chambersburg PA
CBHW061338120726
48001CB00002B/929

9 798223 283898